AF319837

SOLUTION

DE LA

QUESTION FINANCIÈRE

PAR M. A. FILLOD

LYON

P.-N. JOSSERAND, LIBRAIRE-ÉDITEUR

PLACE BELLECOUR, 3

—

1871

SOLUTION

DE LA

QUESTION FINANCIÈRE

I.

Enoncé de la question

Aujourd'hui la France est démembrée, et la partie de cette belle et riche contrée qui porte encore le glorieux nom de France est ensevelie sous une montagne de décombres. Son sol, sa richesse, son génie, gisent sous les ruines accumulées du premier Empire, des invasions de 1814 et de 1815, de la Restauration de la Monarchie de Juillet, de la République parlementaire de 1848, du second Empire, du gouvernement dit de la défense nationale et de l'invasion de 1870. Tant que nous n'aurons pas déblayé notre sol et effectué la réunion de la Lorraine et de l'Alsace à la mère-patrie, notre organisation politique et sociale ne peut être que provisoire. Elle ne doit pas simplement tendre à la prospérité de la France comme une organisation normale et régulière ; elle doit nous donner les moyens de délivrer notre sol du grand empereur d'Allemagne, de ses soldats et de ses canons Krupp ; de pourvoir le plus promptement possible à l'affranchissement de nos frères de Strasbourg et de Metz ; de nous débarrasser des créanciers des régimes déchus qui se cramponnent à nos richesses et les dévorent. Pour tout cela, il faut de l'argent, beaucoup d'argent !

Quand la France sera rendue à elle-même, son organisation politique et sociale, œuvre du génie de la France, sera facile ; car le génie de la France est puissant. Mais la production de l'argent nécessaire pour gorger les oiseaux de proie de Berlin et payer les gaspillages des gouvernements passés sera pénible ; car l'argent, c'est la sueur et le sang du peuple, et la sueur et le sang de tous les travailleurs de France ne produisent pas plus de 12 à 13 milliards par an (1). Or, les rapines du grand empereur d'Allemagne sont proportionnées à sa grandeur et s'élèvent à 5 milliards ; les dettes des régimes déchus, y compris le gouvernement de la défense nationale, s'élèvent à 12 milliards environ ; les propriétés nationales vendues ou données par les gouvernements déchus qui se disaient nos tuteurs, propriétés que nous devrons racheter, valent de 10 à 12 milliards ; de sorte qu'avant d'être maîtres de notre travail et de notre sol, nous avons de 25 à 30 milliards à payer, sans compter les rentes, les intérêts, les primes et tous autres accessoires.

En face de ce chiffre, plusieurs tomberont de défaillance, d'autres diront de faire banqueroute, d'autres diront de payer l'intérêt du capital sans nous

(1) Voir l'appendice.

préoccuper du capital ; peut-être même ajouteront-ils d'emprunter pour payer une partie des intérêts, augmentant ainsi graduellement le chiffre de la dette et des intérêts à payer.

La défaillance est inutile, elle ne produit rien ; c'est un diminutif de la mort et la mort même si elle se prolonge.

En second lieu, nous ne sommes pas libres de faire banqueroute, de ne pas payer les contributions de guerre et les dettes de nos gouvernements ; la générosité du grand empereur d'Allemagne et les canons Krupp s'y opposent, ou du moins ne nous laisseraient le choix qu'entre le paiement et l'esclavage ; mais l'esclavage est chose pire que la défaillance, pire que la mort.

Enfin, les troisièmes, ceux qui nous conseilleront de payer l'intérêt de la dette, laissant le capital croître dans la même mesure que la puissance productive de la France, sont les conseillers les plus perfides que nous puissions écouter. Les dettes d'Etat ruinent les nations et arrêtent leur marche dans la voie du progrès. Quelle preuve peut être plus frappante que le fait suivant :

Lorsque le progrès des sciences physiques et de l'industrie ont amené les nations à construire des chemins de fer, la France obérée de dettes, consacrant à payer des rentes l'argent qu'elle aurait dû consacrer à des travaux publics, a concédé à des compagnies la construction et l'exploitation de ses chemins de fer. Au 1ᵉʳ janvier 1869, ces chemins avaient coûté, tant aux Compagnies qu'à l'Etat, 7,670 millions. L'Etat ayant contribué pour 1 millard à ces dépenses, il reste 6,670 millions à la charge des Compagnies. Or, pendant les trente dernières années, les rentes servies par l'Etat ayant dépassé annullement une moyenne de 400 millions, il en résulte que, sans notre dette, nous aurions construit en quinze ans ce que les Compagnies ont mis trente ans à construire ; qu'aujourd'hui la France serait propriétaire de ses voies ferrées ; que les actionnaires et les obligataires ne prélèveraient ni dividende ni intérêt sur les prix des transports ; que l'entretien des voies ferrées et les frais d'exploitation constitueraient seuls les bases des tarifs. Mais combien de temps mettrons-nous à payer nos dettes, à racheter nos chemins ? Et qui sait, pendant ce temps, quels progrès nous pourrions réaliser, si nous avions la libre disposition de notre travail et de nos richesses ?

En outre, ceux qui nous conseilleront de ne pas amortir notre dette sont nos créanciers eux-mêmes. Ce sont pour la plupart les rois de l'agio, les parasites de la société, ceux qui ont résolu le problème de vivre sans travailler. Si nous payons nos dettes, nous anéantissons cette race. Du jour où nous lui aurons rendu son capital, nous ne lui payerons plus d'intérêts ; il faudra qu'elle fasse valoir elle-même ce capital, qu'elle travaille, en un mot. La France alors sera d'autant plus grande et plus puissante qu'au lieu d'être rongée par les parasites, ceux-ci seront devenus des travailleurs, de vrais enfants de la France.

Autrefois, ces parasites étaient les possesseurs féodaux du sol et rongeaient le cultivateur ; mais expropriés du sol par les paysans, ils sont devenus les rentiers de l'Etat, leur complice. Si nous les chassons de l'Etat comme les paysans les ont chassés du sol, ils essayeront de se rabattre sur la commandite dans l'industrie. Mais les commanditaires deviendront si nombreux qu'il n'y aura pas assez d'ouvriers pour faire valoir leurs capitaux ; l'ouvrier sera tellement recherché qu'il pourra poser, pour condition de son travail, l'association ; et peu à peu les commanditaires seront expropriés de l'industrie comme les possesseurs féodaux l'ont été du sol. Le produit du travail restera dans les mains du travailleur ; et, à la place d'une caste d'exploitants et d'une caste d'exploités, il y aura une société de travailleurs. L'impôt, transformé en une coopération sociale, sera allégé de tout ce qui passait aux parasites, et de la part même que les parasites devenus travailleurs apporteront à l'action commune.

Il faut donc relever le crédit de la France afin d'emprunter dans de bonnes conditions l'argent que nous extorque l'Allemagne ; il faut ensuite nous libérer le plus promptement possible de ce qu'on appelle notre dette nationale. Quels sont les moyens d'y arriver ?

Telle est la question.

II.

Où il faut chercher la solution de la question.

Notre législation fiscale est certainement très-défectueuse. L'impôt ne frappe pas d'une manière équitable tous les contribuables. Mais le moment n'est pas opportun pour faire table rase, et renouveler d'un seul coup notre régime économique. Les recettes normales du budget ne s'élèvent pas à 2 milliards ; les dépenses, sous l'empire, dépassaient régulièrement de quelques centaines de millions le montant des recettes. La dette s'est accrue considérablement depuis la chute de l'empire, soit par les dépenses de guerre faites d'une manière si inepte et si inutile par nos gouvernants, soit par les contributions de guerre à payer. La suppression des dépenses inutiles équivaudrait à peine aux déficits des années antérieures et à l'augmentation forcée des dépenses relatives au service de la dette. D'autre part, si on ne veut pas se borner à servir simplement des rentes perpétuelles, il faut que le chapitre budgétaire, intitulé *amortissement*, soit désormais pris au sérieux et convenablement doté, ce qui nécessite encore une augmentation de recettes. Or, si on essayait de renouveler complètement notre régime financier et de satisfaire tous ceux qui, même à juste titre, demandent la suppression de tel ou tel impôt ; si on supprimait les contributions indirectes ainsi que le demandent les villes ; si on supprimait les droits de mutation ainsi que le demandent les campagnes, les recettes du budget se trouveraient réduites aux environs de 600 millions, et il serait de toute impossibilité de trouver dans de nouveaux impôts 1 milliard 400 millions pour combler le déficit.

Il serait sage et prudent de maintenir, sous la responsabilité des nécessités de la situation, les impôts déjà établis et d'y ajouter, dès à présent, les ressources nouvelles que nous procurerait la réorganisation de notre régime fiscal. Puis à mesure que nous amortirions notre dette, que nos dépenses diminueraient, nous réduirions les impôts qui frappent indûment le contribuable ou qui pèsent spécialement sur le malheureux. Nous irions peu à peu de la gêne à l'aisance, et par l'aisance à l'équité.

Jetons donc un coup d'œil sur les diverses branches de notre richesse et sur les charges qu'elles supportent.

Tout produit vient du travail et du capital. Le capital se divise en deux branches : la propriété mobilière et la propriété immobilière.

La propriété immobilière ou foncière paie l'impôt foncier qui, en principal (1), varie du 1/5 au 1/15 du revenu et peut être fixé en moyenne au 1/10.

La propriété immobilière se subdivise en deux classes : 1° les valeurs mobilières consistant en titres de rentes, actions, obligations diverses ; 2° les valeurs mobilières consistant en matières premières, meubles marchandises, fonds de commerce, fonds de roulement d'industrie, mis en œuvre par le commerce et l'industrie.

La seconde catégorie de ces valeurs subit la contribution des patentes, contribution analogue, pour ces valeurs, à la contribution foncière pour la propriété immobilière.

---

(1) Le principal de l'impôt foncier est la somme votée chaque année pour être répartie entre les départements, les arrondissements, les communes et les contribuables ; mais cette somme ne constitue pas tout l'impôt, elle n'en est que la principale partie, et chaque année on y ajoute un nombre variable de centimes additionnels.

La première catégorie des valeurs mobilières ne subit aucun impôt analogue à la contribution foncière et à la contribution des patentes. C'est un privilége à détruire, une inégalité à faire disparaître ; c'est un nouvel impôt à établir pour nous créer des ressources dans ces temps de détresse et pour suppléer plus tard aux taxes à réduire ou à supprimer.

Les contributions indirectes, ou impôts de consommation, telles que droits sur les vins, droits de fabrication sur la bière, droits sur le tabac, droits sur le sel, etc.; les droits perçus par l'administration de l'enregistrement tels que droits de timbre, d'enregistrement, de mutation, de succession, etc., sont des impôts sur le travail.

L'ouvrier qui ne possède que le produit de son travail abandonne à l'État une partie de son salaire dans la taxe à payer sur le vin, le tabac, le sel, etc. Le paysan qui achète un champ pour placer ses économies, abandonne une partie du fruit de son travail dans les droits de mutation à payer à l'enregistrement. En examinant la résultante de ces taxes, on reconnaît qu'elles constituent un privilége pour les classes aisées, privilége à détruire et à remplacer par une taxe sur le travail de ces classes.

Les octrois constituent des douanes intérieures, or il résulte de la comparaison des tarifs des octrois avec les tarifs des douanes que les traités de commerce de 1860 ont constitué un privilége aux nations étrangères sur nos propres produits, sur notre propre industrie, sur notre propre commerce. Encore un privilége dont l'abolition sera une source de revenus.

Enfin, la Banque de France fait un service public

qui relève de l'État et dont les bénéfices doivent revenir à l'État au lieu d'aller à quelques actionnaires privilégiés.

Donc quatre mesures fiscales à prendre pour faire disparaître quatre privilégiés :

1° Impôt direct sur les valeurs mobilières;

2° Taxe supplémentaire sur le travail des classes aisées;

3° Révision des tarifs de douane;

4° Organisation du crédit par l'État.

Ces quatre mesures doivent produire, dès leur établissement, 500 millions par an.

Je vais les reprendre chacune en particulier pour en démontrer la justice et l'efficacité.

III

Impôt direct sur les valeurs mobilières.

En l'an VII, lors de la discussion des lois organiques de l'impôt, il n'y avait guère en fait de valeurs mobilières que les rentes sur l'État. Les sociétés industrielles, les sociétés du crédit n'avaient pas encore émis cette multitude d'actions et d'obligations si recherchées aujourd'hui comme placements d'économies. D'un autre côté, considérant la dette de l'État comme un fait accidentel et temporaire, il était naturel que le législateur ne créât aucun impôt, dans cette situation purement provisoire. Un autre motif de cette réserve du législateur, c'était la banqueroute partielle faite en l'an IV, sous le nom de *tiers consolidé*. Mais le législateur a été trompé dans ses prévisions ; la dette d'État au lieu d'être un fait accidentel est devenue une situation normale, et à côté des rentes sur l'État sont venues s'accumuler d'autres valeurs mobilières encore plus importantes. Aujourd'hui, la France seule possède en titres de rentes, actions, obligations diverses et prêts hypothécaires au moins 35 à 40 milliards de capital donnant aux propriétaires de ces valeurs près de 2 milliards de revenu, presque autant que la propriété foncière donne à ses propriétaires.

Or, comparons les charges de la propriété foncière et de la propriété mobilière.

La propriété foncière est assujétie à l'impôt foncier, aux droits de timbre, de mutation à titre onéreux ou de vente, aux droits de succession ou de mutation à titre gratuit. L'impôt foncier en principal varie du 1/5 au 1/15 du revenu ; il est en moyenne de 1/10. Ces chiffres résultent, je crois, des travaux faits à diverses époques en vue d'une péréquation cadastrale ; ils sont plutôt faibles que forts ; acceptons-les néanmoins comme exacts. Il s'ensuit que pour 10 francs de revenu on paie 1 franc d'impôt. Les divers droits de mutation, d'enregistrement et de timbre varient suivant la nature des actes qui y donnent lieu. Mais la taxe des biens de mainmorte nous donne le moyen de les évaluer à peu près exactement ; car cette taxe a précisément été établie pour remplacer les droits de mutation, sur les biens des communautés, des communes, des départements et de tout ce qu'on appelle une *personne morale*. La personne morale *aliène rarement et ne meurt jamais* ; ses biens par conséquent ne sont pas assujétis aux droits de mutation et de succession subis par les biens des particuliers ; mais la taxe de mainmorte remplace ces droits. Cette taxe est de 62 centimes par franc du principal de la contribution foncière, ce qui donne en réunissant les deux impôts 1 franc 62 centimes pour 10 francs de revenu. Outre ces impôts, les immeubles sont encore assujétis au paiement de centimes additionnels généraux, départementaux et communaux dont le nombre est variable, mais dont le minimum est toujours de 40 à 50 centimes par franc du principal de la contribution foncière. Si on ajoute ces centimes à la somme de 1 franc 62 centimes déjà obtenue plus haut, on trouve pour 10 francs de revenu foncier plus 2 francs d'impôt, soit 1/5 du revenu.

Le montant des impôts payés par les valeurs mobilières varie suivant la nature de ces valeurs. Ainsi les rentes sur l'Etat ne sont assujéties qu'aux droits de succession ou de mutation à titre gratuit. Les actions et les obligations émises par les sociétés industrielles, commerciales ou financières sont assujéties à un droit de timbre et à un droit de mutation, soit à titre onéreux, soit à titre gratuit. La loi du 5 juin 1850, art. 22 et 31, fixe le droit de timbre à une taxe annuelle de 5 centimes par 100 francs de capital. La loi du 23 juin 1857, art. 6, fixe le droit de mutation à une taxe annuelle de 12 centimes par 100 francs de capital. Ces deux taxes réunies donnent un impôt de 17 centimes pour 100 francs de capital. Si ces valeurs rapportent 5 %, c'est 34 centimes d'impôt pour 10 francs de revenu, si elles ne rapportent que 4 %, c'est 45 centimes d'impôt pour

10 francs de revenu, tandis que la propriété foncière paie plus de 2 francs pour 10 francs.

Pour rétablir l'égalité entre les valeurs mobilières et la propriété foncière, il faut établir sur les premières un impôt direct de 55 ou 66 centimes par 100 francs de capital, ou un impôt direct équivalent sur le revenu.

Toutes les valeurs mobilières, rentes sur l'Etat, actions, obligations, prêts hypothécaires, prêts sur simples billets, seraient soumis à cet impôt. La perception de cet impôt sur les quatre premières espèces de valeurs serait si facile qu'il n'y a pas à s'arrêter sur ce point. Pour atteindre les prêts sur simples billets, il n'y aurait qu'à refuser la sanction de la loi ou des tribunaux à tout billet qui ne serait pas enregistré ou redigé sur du papier revêtu d'un timbre *ad hoc.*

30 milliards de valeurs mobilières taxées à 55 centimes produiraient 165 millions, et 198 millions si la taxe était de 66 centimes ; 40 milliards taxés de la même manière produiraient 220 ou 264 millions.

Quelles objections fera-t-on à ce projet ?

En premier lieu on dira que devant un impôt aussi lourd nos capitaux fuiront à l'étranger. Etrange erreur ou allégation intéressée ! Chaque jour les faits donnent un démenti irréfragable à ces assertions. Les valeurs italiennes et autrichiennes sont plus recherchées et leur cours s'élève depuis qu'elles sont grevées d'impôts. Le 3 % français sans impôt est aujourd'hui à 51 francs ; qu'on le frappe d'un impôt de 10 % sur le revenu, puis que l'on porte annuellement 200 millions au chapitre de l'amortissement, et l'on verra bientôt le 3 %

à 60, 70, 75, 80 francs et finalement au pair. Et les titres des chemins de fer et des sociétés industrielles suivront la rente.

En second lieu on objectera, pour les prêts hypothécaires et sur simple billet, que le créancier prendra ses mesures de manière à faire retomber l'impôt sur le débiteur. Pour les prêts à long terme la manière de percevoir l'impôt peut prévenir ce fait; pour les prêts à brève échéance la réorganisation du crédit, telle que je l'exposerai plus loin, préservera le débiteur.

Enfin, les économistes du *Journal des Débats*, affectant un grand air d'équité et de bonne foi dans les transactions, diront *que le procédé est sommaire, que les Etats s'affranchissent des lois de la probité la plus vulgaire; que, sous forme d'impôt, on retranche un quartier de* 10 °/₀ *aux rentiers, comme dans le bon temps de l'altération des monnaies.*

Etrange raisonnement, et idée plus étrange encore de la bonne foi et de la probité !

Prétendre que l'Etat garantit à ses créanciers la jouissance de tous les avantages sociaux et l'exemption de toutes les charges sociales, et qualifier cette prétention de bonne foi et de probité !

Que le *Journal des Débats* dise ce qu'il pense de la comparaison suivante. Je prends un propriétaire foncier et un rentier de l'Etat; ils habitent la même localité et sont soumis aux mêmes charges locales; ils ont chacun 5,000 francs de rentes. Le propriétaire foncier paie 500 francs d'impôt; le rentier de l'Etat ne paie rien parce qu'il est rentier de l'Etat. On construit une maison d'école et l'on vote des centimes additionnels pour la construire ; le propriétaire paie 100 francs de plus, mais le rentier ne paie rien parce qu'il est rentier de l'Etat. Arrive, comme en 1848, une situation embarrassée ; on vote 45 centimes par franc d'impôt de plus que d'habitude ; le propriétaire paie en conséquence de cette mesure 250 francs ; mais le rentier ne paie rien, parce qu'il est rentier de l'Etat. Arrive une guerre malheureuse, les frais de guerre nécessitent une augmentation d'impôts ; le propriétaire paie toujours, mais le rentier ne paie rien, parce qu'il est rentier de l'Etat.

Voilà l'équité, la justice, la probité, suivant les économistes du *Journal des Débats !*

Nonobstant les lois de cette équité, je maintiens que l'Etat n'a d'obligation, à l'égard de ses créanciers, que celle de leur payer l'intérêt de leur créance ; et que ces créanciers doivent être, comme tous les autres citoyens, assujétis à toutes les charges sociales ; je maintiens, en conséquence, qu'il faut assujétir toutes les valeurs mobilières à un impôt direct de 55 centimes pour 100 francs de capital, ou par 4 francs de revenu, et si la caisse d'amortissement fonctionne bien, les économistes des *Débats* se garderont bien de vendre leurs valeurs.

IV.

Taxe supplémentaire sur le travail des classes aisées.

Au simple titre d'impôt sur le travail, les faux amis de la démocratie ou ses amis ignorants vont se récrier.

« Comment ! Imposer le travail ! Ce n'est pas le tra-
« vail qu'il faut imposer, c'est le capital. C'est à l'im-
« pôt progressif sur la richesse qu'il faut demander
« des ressources, non à un impôt sur le travail, etc. »

Pour moi qui suis un enfant du peuple, sans illusion sur l'avenir, estimant à leur juste valeur le travail et le capital, il est de mon devoir de dire la vérité sur leur importance relative, et, tout en revendiquant les droits du travailleur, d'accepter sans arrière-pensée les charges qui lui incombent.

C'est le travail qui est la base de la société ; c'est à lui de soutenir l'édifice social. D'ailleurs, le capital n'est que du travail accumulé, le travail que les géné-rations précédentes ont réalisé pour nous. Mais cet héritage des générations passées ne constitue pas la société ; il ne fait que faciliter le développement de notre activité, et la loi du progrès nous impose le de-voir d'étendre et d'améliorer cet héritage même pour le transmettre aux générations futures. Ce travail accumulé ou capital est bien moins considérable qu'on ne le suppose relativement à notre propre travail, et si nous ne consacrions pas continuellement une partie de notre activité à entretenir et à augmenter ce capital, il aurait bien vite disparu. En France, le pro-duit du capital peut être évalué à 4 milliards ou 4 milliards 1/2, et le produit du travail à 8 ou 9 milliards (1). Nous avons donc, nous travail-leurs, à prendre à notre charge les deuxs tiers des frais généraux de la société ; il faut donc des im-pôts sur le travail. Et certes, ces impôts ne sont pas

(1) Voir l'Appendice.

à établir, la législation bourgeoise édictée depuis l'an VII ne nous a pas épargnés.

Plus haut, j'ai qualifié d'impôts sur le travail les contributions indirectes, les octrois, les droits de mutation, de succession, etc. Ces impôts peuvent frapper quelquefois le capital ; cela arrive pour ceux qui vivent du capital que leur ont légué leurs pères, mais c'est l'exception. La règle générale, c'est que les octrois et les contributions indirectes sont un impôt sur le salaire du travailleur ; que les droits de mutation, de succession, etc., sont un impôt sur les économies du travailleur.

Relativement aux droits de mutation et de succession, ma proposition sur les valeurs mobilières rétablit l'équilibre entre les diverses classes de la société. Mais examinons la résultante des contributions indirectes.

Le vin, la viande, le sel, le sucre, la houille, sont après le pain, à peu près les seuls objets de consommation de la classe peu aisée, et tous sont passibles de droits plus ou moins considérables. Mais ces divers articles ne sont qu'une partie insignifiante de la consommation du riche ; car il faut comprendre dans le mot consommation tout ce que l'homme fait servir à son usage, à ses besoins, à son agrément ou à son plaisir. Et il résulte de là que, eu égard à la consommation, l'impôt payé par les riches est insignifiant par rapport à l'impôt qui pèse sur le pauvre.

Ainsi le riche consomme des vins, des liqueurs de première qualité, et ces vins et ces liqueurs sont imposés comme le vin à 30 cent. le litre et l'eau-de-vie à 10 cent. le verre.

Ainsi, le riche consomme le talent, l'art de son cuisinier, de son coiffeur, de son tailleur, et cette consommation est exempte de l'impôt.

Ainsi la jouissance du luxe, la consommation de la soie, du velours, des dentelles, de l'or, des pierres précieuses est exempte de l'impôt.

Ainsi le travail du valet de chambre et de la femme de chambre qui prennent soin de la personne de Monsieur et de Madame est une consommation exempte de l'impôt.

Ainsi le travail des cochers et des chevaux qui conduisent Monsieur et Madame au bois de Boulogne est une consommation exempte de l'impôt.

Ainsi la musique, la poésie, l'art, les acteurs, les actrices sont une consommation qui non-seulement est exempte de l'impôt, mais qui, pour certains théâtres est offerte à Monsieur et à Madame avec l'impôt payé par l'ouvrier et le paysan qui ne verront jamais de théâtre.

La liste de ces consommations exemptes de l'impôt serait longue à établir; il en est même que le respect du malheur et de la misère défend de nommer.

Pour établir l'égalité, proposerai-je des taxes sur les divers genres de consommation que j'ai énumérés? Non, certes, ce moyen ne serait point pratique ; en d'autres temps, les taxes sur les cheminées, sur les domestiques, etc., n'ont pas pu tenir ; en 1863 même, l'impôt sur les chevaux et voitures est tombé devant le mauvais vouloir de la classe qu'il frappait. Mais il y a d'autres moyens.

On peut créer une taxe supplémentaire basée sur le loyer d'habitation, variant dans un sens progressif avec le loyer et en raison inverse du nombre de personnes composant la famille. Au-dessous d'un chiffre déterminé, l'exemption serait accordée. Ce tarif doit sortir d'une discussion reposant sur des faits et qui ne peut trouver place ici (1).

Si je propose de donner à cet impôt le titre de *taxe supplémentaire sur le travail des classes aisées*, c'est pour bien faire comprendre aux travailleurs que le travail est la première richesse d'une nation, que la partie la plus importante des charges sociales incombe au travail, et que du jour où ayant payé les ruines faites par nos gouvernements déchus, nous pourrons reconstituer notre budget sur des bases naturelles, la société demandera au travail une cotisation générale, mais équitable ; c'est, d'autre part, pour témoigner à la bourgeoisie que nous reconnaissons ses capacités industrielles, commerciales, financières, sa valeur productive, en un mot ; mais que notre résolution de combattre ses immunités n'en est que plus ferme.

V.

Douane.

Libre-échange ! mot fascinateur et produisant le mirage pour le peuple, sujet de broderies académiques

---

(1) Mes contradicteurs vont m'accuser d'ignorance et dire que la taxe que je propose existe dans la contribution mobilière. Mais je leur demande bien pardon, et s'ils y tenaient, je leur démontrerais : 1° que la contribution mobilière n'atteint pas le but que visait le législateur ; 2° que la répartition en est inique ; 3° que la loi n'est ni appliquée, ni appliquable ; 4° qu'elle frappe 3.500,000 familles de paysans devant être exempts de la taxe que je propose.

pour les économistes de l'Institut, thème à variations sentimentales, philanthropiques et humanitaires pour la voix larmoyante de M. Jules Simon, bouteille à l'encre pour les orateurs de l'empire, cause réelle de la souffrance de certaines industries, moyen très-adroit saisi à l'occasion par l'Angleterre pour exploiter la France, vocable retentissant destiné à masquer l'une des plus grandes inepties de l'homme de Sédan. Tel est l'article que je fournirais sur ce mot, si j'étais appelé à collaborer à un dictionnaire d'économie politique.

Si les nations vivaient entre elles selon la loi de justice, si leurs relations avaient pour règle leur intérêt commun, et si l'équité présidait à la réalisation de cet intérêt, le libre-échange serait la loi commerciale des nations. Mais tant que le droit des gens sera l'iniquité, que les peuples seront organisés pour lutter les uns contre les autres, que l'Allemagne pourra écraser la France pour le plaisir d'un roi, et que les gouvernements des autres peuples s'en réjouiront ; la France aura non-seulement le droit, mais le devoir d'user de tous les moyens de lutte possible, des moyens économiques aussi bien que des moyens militaires. Le libre-échange, identique à la loi d'équité, doit être banni du commerce international tant que l'équité sera bannie du droit des gens. Il n'y a pas de théorie sentimentale et humanitaire qui puisse tenir devant les faits en train de s'accomplir.

D'ailleurs, pour que le libre-échange pût être pris au sérieux, il faudrait que l'engagement de le pratiquer fût réciproque entre les nations. Mais jamais il n'en a été ainsi ; le gouvernement français entrant dans la voie du libre-échange a été dupe des autres gouvernements. En voici la preuve :

Le commerce international français, exportations et importations réunies, s'élevait en 1867 à 7 milliards 965 millions ; les droits de douane s'élevaient à 122 millions, soit 1/66 de la valeur des denrées échangées, ou 1 fr. 50 %.

Aux Etats-Unis le commerce international s'évaluait pour la même année à 4 milliards 844 millions, et les droits de douane perçus sur ce chiffre à 866 millions, soit plus de 1/6 de la valeur des denrées échangées, ou 17 %.

En Angleterre, la somme des importations et exportations réunies atteignait le chiffre de 12 milliards 525 millions et la perception des droits de douane donnait 610 millions, soit 1/20 des valeurs échangées, ou 5 %.

En 1870, le Zollverein allemand donnait un rapport au moins aussi élevé qu'en Angleterre entre le produit des douanes et le montant des importations et exportations.

Ainsi les droits de douane ne sont en France que de 1 fr. 50 %, tandis qu'ils sont en Angleterre et en Allemagne de 5 % et aux Etats-Unis de 17 %, du montant du commerce.

Et si, dans le commerce français, on fait abstraction des sucres qui viennent principalement de nos colonies, le chiffre des importations et des exportations reste à 7 milliards 774 millions, et le montant des droits perçus descend à 74 millions, soit moins de 1 fr. % des opérations commerciales. Ce n'est pas le

1/5 ou le 1/17 des droits perçus par les autres gouver-. nements.

Mais passons.

Nos octrois et notre régie des contributions indirectes perçoivent des droits d'entrée sur les denrées qui passent des campagnes dans les villes, et ces mêmes denrées sortent de France pour aller à l'étranger sans payer aucun droit. Un hectolitre de vin valant 25 ou 30 francs est grevé, en entrant à Paris, d'un droit d'entrée de 20 francs, tandis que les Anglais, les Russes, les Américains emportent de Bordeaux et de Bourgogne des vins de 280 francs l'hectolitre sans payer aucun droit. Dans la situation où nous sommes vis-à-vis de l'Europe, qui oserait nous blâmer de ne pas maintenir pour l'étranger ce privilége sur le Français ; et quel gouvernement serait assez ennemi de la France pour négliger les ressources que lui procurerait la suppression de ce privilége ? Au seul point de vue de la quantité, sans tenir compte de la qualité, l'égalité des charges sur les vins entre le Français et l'étranger rapporterait à l'Etat plus de 55 millions.

Et en un mot, l'application d'un tarif général analogue à ceux des autres nations nous donnerait, en sus des produits actuels de la douane, le chiffre de 300 millions !

Les défenseurs obstinés du libre-échange ne manqueront pas d'objecter que l'établissement de droits de sortie arrêteraient l'exportation de nos produits. Mais qu'ils daignent donc expliquer comment la douane arrêterait plutôt l'exportation des produits français que l'exportation des produits anglais, allemands, américains.

Nous n'imposons pas nos vins à leur sortie, mais les Anglais les imposent à leur entrée chez eux. Et le droit de 25 à 60 °/₀ dont les frappent les Anglais n'est pas un droit protecteur; le parlement anglais ne veut pas planter en vignes le sol des trois royaumes unis. C'est donc un droit fiscal que les Anglais perçoivent sur les produits de notre sol, parce que les auteurs des traités de commerce ont été assez ineptes pour ne pas le percevoir à notre profit.

Lors même qu'il n'en serait pas ainsi, est-il admissible que l'on craigne d'arrêter l'exportation du vin à 280 francs l'hectolitre par un droit de 20 francs et même de 50 francs, quand on ne craint pas d'arrêter l'entrée du vin à Paris en frappant d'un droit de 20 francs l'hectolitre qui ne vaut que 20 ou 25 francs?

Et quand même il se produirait une légère baisse sur le prix des vins exportés, les propriétaires des crûs atteints ne seraient pas lésés, car le produit de ces crûs comparé à l'impôt foncier qui y correspond est certainement beaucoup plus élevé que pour les autres propriétés. Mais cette baisse n'aura pas lieu; ou bien si elle a lieu ce ne seront pas les droits de douane qui en seront la cause, mais les pertes causées dans la richesse du monde par l'invasion de la France.

Les libres-échangistes invoqueront encore l'intérêt du consommateur. Mais à ce point de vue comme à tous les autres leur thèse est insoutenable. D'abord ce ne sont pas les douanes mais les octrois et les contributions indirectes qui produisent la cherté sur la plupart des objets de consommation.

En second lieu, les gouvernements étrangers perçoivent sur les marchandises, à la sortie des pays producteurs, les droits que nous ne percevons pas à leur entrée. Les Etats-Unis ne nous offrent-ils pas un exemple assez frappant des droits perçus à la sortie des marchandises ? Mais les produits de première nécessité sortent de notre sol; au lieu de les grever d'impôts qui retombent sur le malheureux, reportons une partie de ces impôts sur les produits étrangers, plus spécialement à l'usage des classes aisées. La douane nous offre un moyen de réparer l'iniquité de nos octrois, et quand nous aurons à choisir entre la douane et l'octroi, nous opterons pour le maintien de la douane.

Au reste, un simple coup d'œil sur nos recettes de douane démontre que les traités de commerce ont été conclus contre le consommateur français au lieu de l'être en sa faveur. Ils ont eu pour but, non de diminuer les droits perçus sur les produits étrangers afin de les faire arriver à plus bas prix en France, mais de diminuer les droits de sortie afin de livrer à plus bas prix nos produits à l'étranger. Les droits de sortie ne sont en effet que de 86,000 francs, tandis que les droits d'entrée dépassent 122 millions ; tandis que les droits perçus sur le sel dépassent 22 millions ; tandis que les droits perçus sur le sucre de betterave, en France, dépasse 62 millions.

Arrière donc cette fausse compassion pour les classes malheureuses.

Quant aux allégations relatives au développement de la richesse par le libre-échange, c'est encore une erreur des auteurs du traité de commerce. De ce que deux faits coïncident dans le temps et dans l'espace, s'ensuit-il que l'un est la cause de l'autre? Le développement de la richesse est la conséquence des progrès de l'industrie, de l'emploi des machines, de la multiplication du travail ; le développement du commerce est la conséquence de l'accroissement de la richesse, des nouveaux moyens de communication dus à la vapeur. Mais le libre-échange n'en peut pas être la cause, car il n'a jamais existé ; les traités de commerce de 1860 n'ont fait qu'entraver le développement de notre commerce et de notre industrie et que les livrer à l'exploitation étrangère. Qui ne se souvient de toutes les plaintes exprimées par les diverses branches de l'industrie, plaintes auxquelles on répondait par des discours suivis du vote des candidats officiels?

Enfin, si quelques intérêts étaient, non pas lésés mais un peu gênés, rappelons-nous que les citoyens d'une nation sont solidaires devant l'ennemi dans la lutte économique, aussi bien que sur le champ de bataille ; que tous les intérêts privés doivent se limiter au sein de l'intérêt national, jusqu'au jour lointain où les peuples affranchis des rois et des oligarchies ne seront plus armés les uns contre les autres.

On objectera encore que l'Angleterre se fait l'apôtre du libre-échange, et sur cette simple raison, les admirateurs de la royauté parlementaire d'outre-Manche se rallieront à la doctrine de Cobden. L'Angleterre pousse les autres nations dans la voie du libre-échange, mais elle ne le pratique pas. Etant d'ailleurs une nation commerçante, voulant accaparer le commerce du monde, elle cherche à abaisser toutes les barrières des douanes, et c'est son intérêt : plus bas sera le prix des produits dans les pays même de production, plus considérable sera l'agio réalisé par ses navigateurs.

Aussi, tout en travaillant à détruire les douanes chez les peuples étrangers, elle les maintient chez elle ; le produit de ses douanes n'est-il pas encore le 1/20 de ses opérations commerciales ?

C'est donc dans un intérêt patriotique et national, en vue de la prospérité de la France, dans le but de faire cesser l'exploitation, au profit de l'étranger, du contribuable français par le gouvernement français que je demande la révision des traités de commerce. Les tarifs devront être établis de manière à ramener l'égalité entre le Français et l'étranger, de manière à rapporter à l'Etat au moins 5 °/₀ du montant du commerce international, minimum des droits perçus par les autres peuples. Ce seul fait donnera au trésor un boni supérieur à 300 millions.

Il va sans dire que la législation réglant notre commerce maritime sera révisée dans le même esprit, que l'on s'efforcera de favoriser le développement de notre marine marchande afin de l'amener au moins à effectuer le commerce français.

VI.

Organisation du Crédit

C'est encore une question sur laquelle il est bien difficile aux économistes de s'entendre. Quelques pêcheurs en eau trouble demandent la liberté de l'émission du papier-monnaie ; ils sont suivis par des membres de l'Institut toujours en extase devant le mot liberté, quand ce mot est mêlé à des choses aux-

quelles il est complètement étranger. D'autres, con-
tents de la situation qu'ils ont acquise, veulent à tout
prix maintenir le *statu quo* ; ils ont un privilége avec
lequel ils exploitent le commerce français, et duquel,
quiconque connaît un peu l'histoire des castes privilé-
giées, serait bien étonné de les voir se détacher. Enfin
les troisièmes, complétement désintéressés dans la
question, ou n'y étant intéressés qu'autant que la justice elle-même, prétendent que l'organisation du crédit est un service public incombant à l'Etat.

Le simple exposé des opérations qui constituent
l'organisation du crédit démontrera la justesse de la
dernière théorie avec toute l'évidence nécessaire ;
l'arbitraire et l'iniquité des deux autres éclateront
dans cet exposé avec la même évidence.

Crédit est synonyme de confiance ; mais l'usage
commercial s'est emparé de ce mot, en a restreint la
signification primitive à la confiance que mérite un
individu au point de vue de ces engagements pécu-
niaires. En outre, dans l'industrie, dans le commerce,
les affaires ayant lieu fort souvent entre personnes qui
ne se connaissent pas, il est nécessaire que ces personnes présentent, en garantie de leurs engagements,
une certaine quantité de travail réalisé ou de capital ;
c'est sur la quantité plus ou moins considérable de ce
capital que se mesure le crédit ou la confiance commerciale qu'elles méritent. Une situation commerciale
ou industrielle acquise étant censée reposer sur un
certain capital, peut tenir lieu de ce capital, au point
de vue du crédit. Une aptitude au travail bien cons-
tatée, jointe à une moralité reconnue, peuvent aussi,

dans certains cas, servir de gage au crédit ; mais ces cas sont exceptionnels.

Tel est le crédit, en général ; telles sont ses conditions.

L'organisation du crédit dans une société consisterait à constater la somme de crédit que mérite chaque membre de cette société et à le notifier à tous les autres membres, afin que chacun pût, sans entraves, jouir de la confiance qu'il mérite et mettre en œuvre tous les moyens d'actions qui sont en lui. C'est ce que fait la Banque de France, mais sur une échelle trop restreinte, et en exploitant le commerce.

Le commerçant *A* achète, à trois mois de terme, des marchandises du commerçant *B*, et lui souscrit un billet. Le commerçant *A* étant solvable, le billet qu'il a souscrit à *B* est une valeur réelle que *B* peut donner en échange ou en payement d'autres valeurs. Mais comme la solvabilité de *A*, bien connue de *B*, peut n'être pas connue des correspondants de *B*, ce dernier éprouve quelques difficultés à tirer partie du billet de *A*. Pour remédier à cet inconvénient, le gouvernement a créé une institution appelée *Banque de France;* il l'a organisé de manière à ce que sa solvabilité ne pût être mise en doute et fût notoire. Cela étant, les commerçants *A* et *B* et une troisième caution vont à la Banque de France, ils donnent des preuves de la solvabilité de chacun d'eux, se portent tous garants de *A*. Le billet de *A* étant garanti de la sorte, la Banque de France le prend, le met dans son portefeuille, puis en échange elle délivre un autre billet qui porte la marque, le cachet, le sceau, la signature de la Banque ; en un mot elle délivre un billet de la

Banque de France, ou simplement un *billet de banque*, qui, à raison de la solvabilité bien connue de la Banque de France, peut être librement échangé ou donné en paiement par le commerçant *B*, par ses correspondants, etc., etc. A mesure que les autres commerçants font la même opération, le portefeuille de la Banque se remplit des billets des particuliers, et ses *billets de banque*, qui remplacent les billets des particuliers, se répandent dans la circulation où ils jouent le même rôle que l'argent monnayé. Les *billets de banque* ont pour garantie les billets des commerçants gardés par la Banque dans son portefeuille, et, derrière ces billets, le capital ou le travail des commerçants. Quand les billets des commerçants arrivent à échéance, ces derniers vont les payer à la Banque, et l'argent que la Banque reçoit par ces paiements lui sert à rembourser ses propres billets, à les retirer de la circulation.

Voilà en quoi consiste l'organisation du crédit et le type des opérations auxquelles cette organisation donne lieu. Dans ces opérations, la Banque ne débourse aucun capital. Elle constate purement et simplement que tel commerçant mérite crédit; elle lui en donne pour ainsi dire un certificat par le billet de banque qu'elle lui remet en échange de son effet de commerce. Ce sont les signatures de l'ensemble des commerçants qui garantissent la signature de la Banque de France , c'est l'ensemble des capitaux engagés dans le commerce qui est la réalité, la valeur représentée par le billet de banque.

Mais puisque la Banque de France ne débourse aucun capital, me dira-t-on; à quoi lui sert son capital de 182 millions ? — Il sert uniquement à couvrir les bévues que font les employés de la Banque. Si la Banque donnait un certificat de crédit à un commerçant insolvable, le capital de la Banque payerait pour le commerçant. Mais ces bévues sont si peu à craindre que loin d'entamer le capital, elles ne touchent pas même aux bénéfices de la Banque ; la preuve en est que les actions de la Banque, au chiffre nominal de 1,000 fr., sont en temps ordinaire aux environs du cours de 3,000 fr., et cela après que le capital a été doublé puis quadruplé.

On va sans doute aussi me demander si la Banque de France ne se sert point de son capital pour rembourser en espèces les billets de banque qui lui sont représentés. Non, car le capital de la Banque de France est placé en rentes sur l'État et ne se trouve nullement dans les caves de la Banque. Elle n'a dans ses caves que l'argent des commercants , l'argent qu'elle reçoit lorsque ceux-ci vont rembourser leurs billets, et c'est avec cet argent des commerçants, je le répète, qu'elle retire de la circulation ses propres billets.

Mais lorsque la Banque de France échange un de ses billets contre un effet de commerce, au lieu de donner simplement un certificat de crédit au commerçant, elle prétend avoir le droit d'escompter cet effet de commerce, comme si elle déboursait un capital quelconque pour en faire l'avance au commerçant ; elle lui retient 3, 4, 5 et 6 °/₀ ou plus, et cet escompte est distribué en dividendes à ses actionnaires ou ajouté au capital sous forme de réserve ou de tout autre manière. Les statuts de la Banque de France, approuvés par une loi, autorisent cet escompte ; mais je le qualifie de *vol organisé en privilége*. Les actionnaires de la Banque n'y ont aucun droit, puisqu'ils ne déboursent aucun capital pour cette opération ; puisque c'est l'ensemble des capitaux engagés dans le commerce qui sont représentés par les billets de banque et qui en garantissent le remboursement. La Banque ne devrait percevoir qu'un droit de commission comme rémunération de son travail, mais rien de plus.

C'est la *banque du peuple;* c'est le *crédit gratuit*, de Proudhon, que vous ressuscitez, me dira-t-on. Loin de là, certes, et on le verra bientôt. Mais je dois encore articuler un autre grief contre la Banque de France.

Elle restreint ses opérations de manière à écarter de ses bureaux les simples commerçants, si bien que ces derniers sont obligés de s'adresser à des banquiers qui leur servent d'intermédiaires avec la Banque de France. Ces intermédiaires escomptent les effets de commerce à des taux très-élevés, les font réescompter par la Banque de France et bénéficient de la différence entre le taux de leur escompte et celui de la Banque. De là sont sortis autour de la Banque une foule d'établissements parasites qui vivent aux dépens du commerce, détournent les capitaux d'un emploi productif, et absorbent un travail considérable qui ailleurs aurait son effet utile.

L'organisation du crédit par l'Etat ferait disparaître tous ces inconvénients, toutes ces iniquités.

D'abord, l'organisation du crédit par l'Etat serait une ressource fiscale considérable ; car, je le répète, mon avis n'est point que le crédit doive être gratuit. Tous ceux qui ont combattu la théorie de Proudhon admettront forcément mes conclusions ; quant aux sectateurs de ses doctrines, je leur rappelle, avec Bastiat, que le prêt est un service et que tout service mérite sa rémunération. Mais, à mon sens, voici une raison plus décisive. Certains capitaux, comme la terre, comme une usine, concourent réellement, avec le travail de l'homme, à produire ; ils ont droit, dès-lors à une part dans la chose qui résulte de leur concours combiné avec le travail de l'homme. Or, tous les capitaux pouvant s'échanger les uns contre les autres s'équivalent, et tous doivent produire comme la terre contre laquelle ils sont échangeables. Tous produisent, d'ailleurs, quoique leurs produits ne soient pas visibles comme ceux de la terre ; car tous prêtent leur concours à l'homme en servant de base, de matière première à son travail.

D'après les principes de l'organisation du crédit, c'est l'ensemble des commerçants, qui fait crédit à chacun d'eux ; c'est l'ensemble des capitaux et du travail des commerçants qui garantit les billets de banque, qui leur sert de substratum, comme dirait un philosophe, qui est la réalité qu'ils représentent ; c'est donc à l'ensemble des commerçants que doivent revenir les bénéfices de l'organisation du crédit, le droit d'escompte perçu jusqu'à ce jour par les actionnaires de la Banque de France. Or, l'ensemble des commerçants, l'ensemble des hommes qui échangent des produits, c'est la société ; c'est donc à la société ou à l'Etat qu'il appartient d'organiser le crédit et d'en percevoir les bénéfices.

Pour rendre cette organisation plus facile, il faut combiner les opérations de banque avec la régie des hypothèques et la perception de l'impôt. Cette combinaison permettra d'étendre le crédit jusqu'au fond des campagnes, rendra service à l'agriculture en ouvrant aux cultivateurs le crédit dont ils peuvent avoir besoin pour leur exploitation agricole, pour les mouvements forcés que les saisons produisent dans leurs cheptels. Cette année, par exemple, la sécheresse et la guerre ont fait disparaître le bétail dans un grand nombre de départements ; à l'été prochain, le cultivateur manquera d'argent pour renouveler son cheptel; son exploitation sera arrêtée ; mais cela n'arriverait point si le crédit était organisé.

Le taux d'escompte ne serait pas arbitraire comme aujourd'hui ; il représenterait autant que possible le produit réel du capital. En supposant que ce taux fût de 3 °/₀ et que les opérations fussent aussi restreintes que celles de la Banque de France, l'Etat en retirerait 35 à 40 millions, sans qu'aucun contribuable élevât ni plainte, ni réclamation.

L'argent fourni par le remboursement des billets particuliers suffirait amplement comme fonds de roulement pour le remboursement des billets de banque ; mais l'on ajouterait à ce fonds de roulement le produit de l'impôt, et l'on obtiendrait une situation plus avantageuse qu'aucune banque puisse la donner.

On objectera que le gouvernement pourrait abuser de l'émission des billets. Cet abus serait inévitable sous un second Empire et sous un gouvernement de Juillet. Mais dans une république démocratique, ayant des serviteurs et pas de maître, s'administrant au grand jour au lieu de conspirer dans l'ombre, ayant pour premier principe de payer les dettes des gouvernements passés au lieu d'en faire de nouvelles, tout abus est impossible. L'abus est impossible pour les besoins de l'Etat, parce que l'Etat se suffisant avec l'impôt et n'ayant pas recours au crédit, n'émettra pas de billets pour son propre compte ; l'abus est impossible relativement à l'émission de billets pour les opérations de crédit, parce que toute opération de crédit se termine à l'échéance : si le billet de Banque émis pour cette opération ne rentre pas, l'argent qui représente ce billet entre en caisse, sert à effectuer l'escompte à la prochaine opération, à la place du billet qui est resté en circulation et qui représente dès-lors le nouveau billet particulier entré dans le portefeuille.

En résumé, la Banque de France n'est qu'un rudiment de l'organisation du crédit et une exploitation du commerce au profit de quelques actionnaires. L'organisation du crédit pour atteindre son complet développement, pour donner à chaque particulier tous les avantages qu'il peut en attendre, et à la société toutes les ressources auxquelles elle a droit, doit être une fonction de l'Etat.

VII

Conclusion

Voilà les moyens généraux les plus propres à rétablir nos finances. Ils ne pèsent ni sur le paysan, ni sur l'ouvrier ; ils doivent au contraire leur venir en aide dans la transformation sociale. Quant à ceux qu'ils frappent, ils ne sont blessés ni dans leurs intérêts ni dans leurs droits ; je ne demande que l'égalité proportionnelle pour tous.

J'ai pris pour base de mes calculs la situation économique de la France avant l'invasion. Cette situation
a été certainement modifiée par les douloureux évène-
ments qui achèvent de s'accomplir. Si, dès leur établissement, les moyens que je propose ne donnaient
pas le chiffre de 500 millions, ils ne tarderaient pas
à l'atteindre et même à le dépasser, à atteindre 600
et 700 millions ; on a qu'à se reporter, pour s'en
convaincre, aux détails de mes calculs.

D'ailleurs, avec le travail, notre puissance productive renaîtra bien vite : l'organisation du crédit en
facilitera le développement ; la révision de nos traités
de commerce nous préservera de l'exploitation étrangère ; l'impôt sur les valeurs mobilières nous donnera des ressources qu'il serait impossible de demander à la propriété foncière et au travail, et la valeur
des titres ne sera nullement affectée, car cette charge
sera avantageusement compensée par la restauration
du crédit de l'Etat.

Comme mesures complémentaires, il est urgent de
réviser le tarif des patentes afin de le mettre en har-
monie avec les progrès de l'industrie depuis 1844 ; si
la révision du cadastre n'est pas encore possible, il
faut au moins mettre fin aux exemptions arbitraires
d'impôts, à celle, par exemple, dont jouissent les mai-
sons de la rue de Rivoli ; les lois qui les avaient éta-
blies n'avaient point prévu les malheurs qui nous
accablent.

Enfin, quand la France se sera relevée, l'augmentation des recettes, la diminution des dépenses et
surtout les recettes devenues disponibles à la suite de
l'amortissement complet de la dette, permettront de

supprimer les impôts qui n'ont d'autre raison d'être
que les dépenses immodérées et inutiles des régimes
passés. Au nombre de ces impôts, je désigne aujour-
d'hui la contribution des portes et fenêtres, la contribution personnelle mobilière, les droits de succession
en ligne directe, les droits de mutation et les impôts
de consommation.

La restauration des finances est une des conditions
sine qua non de la prospérité future de la France ;
elle sera même la condition la plus longue et la plus
difficile à réaliser. C'est pourquoi, dès aujourd'hui,
elle doit s'imposer à tous les esprits, et devant la
grandeur du but à atteindre, toutes les récriminations
sans fondement sont méprisables.

C'est en reconstituant notre budget, non-seulement
par voie d'économies, mais encore par la création de
ressources nouvelles ; en portant 200, 300, 500 millions, et plus s'il faut, au chapitre de l'amortissement,
que le crédit de la France se relèvera ; que l'on pourra
contracter à des conditions avantageuses les emprunts
nécessaires pour nous débarrasser des Prussiens, et
que l'on remboursera ces emprunts dans le plus bref
délai possible.

Alors seulement le propriétaire sera maître de sa
propriété, le commerçant de son commerce, l'industriel de son industrie, l'ouvrier de son travail, et la
France de son budget et de son avenir.

A Epy (Jura), en février 1871.

APPENDICE

Dans le corps de cette brochure, je me suis borné à donner le chiffre du produit de la France et à diviser ce produit entre le capital et le travail. Ces chiffres sont 12 ou 13 milliards pour la production totale de la France , 4 miliards ou 4 milliards 1/2 pour la production du capital et 8 ou 9 milliards pour la production du travail.

Des erreurs étant chaque jour commises à ce sujet par divers organes de la presse, soit française, soit étrangère, je crois devoir donner les explications suivantes :

La propriété foncière produit environ 2 milliards, peut-être même pas. Ce chiffre s'établit par le rapport connu du principal de l'impôt foncier au

revenu foncier ; ce rapport est en moyenne de 1/10.
Il résulte de travaux administratifs non suspects
dans le sens de l'exagération de l'impôt. 180 millions
d'impôt foncier en principal donneraient donc
1,800 millions de revenu, mais je veux bien mettre
2 milliards.

Les valeurs mobilières représentées par les chemins de fer, les canaux peuvent produire 700
ou 800 millions ; le capital industriel et commercial
qui donne moins de 60 millions d'impôt de patentes
produit-il 1 milliard 200 millions, vingt fois l'impôt
des patentes ? Bien des industriels et des commerçants diront que non.

Réunissant ces divers chiffres, on obtiendrait de
4 milliards à 4 milliards 200 millions pour le produit de nos capitaux, tant immobiliers que mobiliers.

Le produit du travail agricole serait évalué par
bien des gens au même chiffre que le produit du
capital agricole et même à un chiffre inférieur.
J'admets cependant qu'il vaille un tiers de plus et
je le porte à 3 milliards.

Il resterait encore 5 milliards pour le travail
industriel et commercial. Que l'on compare la
valeur relative du salaire des ouvriers dans l'industrie, le commerce, la navigation et des ouvriers
agricoles ; que l'on tienne également compte de
leur nombre respectif, et l'on verra que nos calculs
ne sont pas loin d'être exacts.

Je devrais m'arrêter là. Mais je suis persuadé qu'il y aura des personnes assez naïves, assez ignorantes ou assez de mauvaise foi pour m'objecter que je ne comprends pas dans la production de la France les rentes sur l'Etat, les intérêts et les dividendes des diverses obligations ou actions constituant des créances sur la propriété immobilière commerciale ou industrielle.

A ces personnes, je réponds simplement :

Supposez-vous propriétaire d'un immeuble rapportant 2,000 francs ; supposez d'autre part que j'aie sur votre immeuble une créance pour laquelle vous me payez 1,000 francs d'intérêt. Votre immeuble aura-t-il rapporté 3,000 francs ?

Et concluez par analogie relativement aux rentes sur l'Etat, etc.

Lyon. — Imprimerie BELLON, rue de Lyon, 33.